Ética para la empresa

Ética para la empresa

FERNANDO SAVATER

conecta

Ética para la empresa

Primera edición en España: mayo, 2014
Primera edición en México: marzo, 2015

www.megustaleer.com.mx

Comentarios sobre la edición y el contenido de este libro a:
megustaleer@penguinrandomhouse.com

ISBN 978-607-312-874-2

Impreso en México/*Printed in Mexico*

A José Luis Merino,
espíritu práctico y ético.
Cordialmente,

F. SAVATER

Índice

Presentación 11

La ética y el empresario 23
1. El empresario como héroe 27
2. Las virtudes del empresario 31
3. Ética, aun en medio
del holocausto 45
4. La dimensión social del hombre 49

Cuestiones 53

DEONTOLOGÍA EMPRESARIAL 61
5. Deontología de la empresa 67
6. La decadencia del concepto de experiencia 71
7. La experiencia y el mito del hombre nuevo 79
8. El consecuencialismo 87

CUESTIONES 91

Presentación

Ahora vuelvo

Nadie menos dispuesto que yo a recaer en el tópico de que cualquier tiempo pasado fue mejor. Más bien lo contrario: si el hoy nos gusta poco, menos debería complacernos el ayer, cuando además de sus propios motivos de descontento se iban fraguando los del futuro. De modo que no pienso idealizar la época —hace ya casi veinte años— en que tuvieron lugar las charlas transcritas en las páginas que siguen a esta, realizadas en Bogotá. Quizá las decepciones de la crisis económica actual, padecida con especial intensidad en España, puedan inclinarnos a deplorar lo que hoy nos parecen ingenuidades del planteamiento de entonces, que por supuesto no he pretendido corregir ni disimular en esta nueva edición. Pero sigue vigente el propósito de intentar una evaluación ética de la empresa, que incluso en el presente se ha hecho más perentorio aunque también más complejo, más esquinado, hasta el punto de que muchos desesperan de él como una *pia fraus*, un embeleco engañoso y santurrón. Como dijo contundentemente el no poco especulador Georges Soros, «solo los imbéciles pueden creer que los mercados tienen conciencia: los imbéciles y algunos profesores de economía».

Recapitulemos: la modernidad capitalista ha ido desmontando las barreras jerárquicas tradicionales de nacimiento, sexo, raza, etc., pero se ha encargado de reproducirlas de nuevo a otro nivel, como castas de poseedores. La escala desciende desde quienes son dueños de la titulación en sí misma pasiva pero muy rentable de los establecimientos productivos a quienes sólo poseen su capacidad activa de trabajo, cuya rentabilidad depende de los vaivenes del mercado y cuyas garantías laborales no siempre están protegidas por las instituciones políticas. Los poseedores del capital financiero han mostrado recientemente una tendencia en apariencia imparable a expandirse devoradoramente sobre los patrimonios menores y a la vez concentrarse en cúpulas dominantes cuyos miembros son cada vez más contados. Han sustituido como vía preferente de aumentar el capital la especulación a la producción, causando burbujas financieras, la quiebra de entidades intermedias, el crecimiento del desempleo o del subempleo y finalmente la crisis internacional.

¿Y qué tiene que ver la ética con esta jungla despiadada? Desde el punto de vista ético, se considera que toda fuente de riqueza es social y por tanto implica responsabilidades sociales en quienes se benefician de ella, tanto más cuanto más provecho obtengan. Esto es cierto primordialmente a escala nacional, pero también dada la internacionalización creciente y la interdependencia sin fronteras de los negocios, a escala mundial. La concentración en una porción mínima de la población planetaria de la inmensa mayoría de bienes, recursos y servicios, así como la utilización excluyente de los dones de la naturaleza, amplía de manera excepcional el alcance de la responsabilidad de los privilegiados por tan desigual reparto. El ideal de una sociedad si no plenamente equitativa al menos más armoniosa exige procurar el aumento de las posibilidades vitales y creativas del mayor número, sin exclusiones ni jerarquía ventajista de los intereses en juego.

De modo que la perspectiva ética se ejerce en el juego empresarial en diversos planos: primero a nivel personal o individual, de acuerdo con la tarea que cada cual desempeñe; después a nivel organizativo, buscando una adecuación correcta de los fines perseguidos y los medios utilizados, así como un justo reparto de las tareas laborales y su remuneración; también una consideración ética digamos hacia fuera de la empresa, que atañe a las relaciones con clientes, proveedores, competidores, instituciones democráticas, etc...; y finalmente la reflexión ética que versa sobre el sistema mismo de la economía de mercado y la reconciliación entre innovación, deseo de beneficios y armonía social —nacional e internacional, ecológica, etc...— que considera permanentemente las reformas posibles para mejorar el conjunto de la producción humana.

Pero ¿no bastan las leyes para regular estas relaciones y actividades laborales? Desde luego, una legislación adecuada es imprescindible para el funcionamiento adecuado de la actividad empresarial. Hacen falta leyes para que las grandes multinacionales no evadan el pago de impuestos instalando su sede en paraísos fiscales (cuya sola existencia ya indica una complicidad supranacional con el fraude) o para que los más desaprensivos no tengan otro remedio que respetar los derechos sociales de los asalariados y no puedan deslocalizar sus empresas para aumentar beneficios buscando condiciones laborales de corte esclavista. Pero las leyes son reactivas, se enfrentan a abusos y tratan de minimizar los daños o impedirlos del todo, aunque nunca se ocupan más que de las situaciones negativas. En cambio la ética es proactiva, es decir busca lo bueno y no sólo pretende evitar lo malo: a partir de principios morales, proyecta directrices futuras y transforma la convivencia y la colaboración dentro de la empresa, innovando hacia lo mejor y no solo prohibiendo lo evidentemente peor.

¿Se reducen los intentos de moralizar la empresa a una serie de piadosos deseos ilusorios o, aún peor, a simple maquillaje de la explotación desvergonzada de recursos naturales y seres humanos? Es curioso que los acontecimientos financieros en Estados Unidos y otros países que han llevado al desastre de la crisis, con sus ejemplos de desvergüenza y abuso de las posiciones de privilegio con las peores consecuencias empresariales, han reforzado la idea de que prescindir de toda consideración ética en los negocios no solo es indecente sino también y sobre todo imprudente: vuelve a escucharse con énfasis renovado el clásico *good ethics is good business*. Porque la ética no tiene que ser meramente renunciativa y desinteresada sino que constituye una forma mejor de considerar el auténtico interés humano, es decir de acuerdo con la etimología de la palabra (*inter esse*, lo que está entre nosotros) una perspectiva racionalmente más fundada de equilibrar lo que nos une y los que nos separa. La ética empresarial no es la guinda de un pastel horneado a espaldas de ella, sino una forma distinta y preferible de hacer el pastel…

Los planteamientos éticos en cuestión empresarial no responden sencillamente al punto de vista político de la izquierda o la derecha. Como bien dijo Leszek Kolakowski, «cada uno de nosotros puede ser juntamente socialista (querer reducir las desigualdades), conservador (respetar las tradiciones humanistas) y liberal (valorando la iniciativa y la competencia)». Es en ese campo políticamente ancho pero moralmente exigente en el que juega la ética su partido decisivo frente a los modos actuales de producción y rendimiento de las empresas. A entender mejor esa toma de partido no partidista se dedicaron las charlas de aquel pasado en Bogotá, que hoy recuperamos y que ojalá ayuden algo a comprender también los retos del presente.

FERNANDO SAVATER
Madrid, febrero de 2014

La ética
y el empresario

Recuerdo la primera vez que fue Borges a Madrid, yo era muy jovencito todavía y con un grupo de cuatro o cinco fanáticos fuimos acompañándole por todas partes, supongo que con cierta incomodidad por su parte. En un momento determinado asistió a un programa de televisión, se sentó, me llamó y me dijo: «Oiga, joven, yo quiero beber algo», y yo le respondí: «Pues naturalmente maestro, ¿qué quiere usted beber? ¿agua, leche, café o Coca-Cola?», «No, yo quiero algo alcohólico». Empecé a dar toda la lista de bebidas que me acordaba y me interrumpió: «Yo sobre eso no tengo erudición, quiero algo breve y contundente». Mi intención para hoy es brindarles ahora a ustedes algo breve y contundente para que a partir de ahí iniciemos un diálogo. Además, por fortuna, se me ha encomendado hablar hoy sobre ética empresarial, lo cual es un alivio porque mis capacidades como empresario son nulas y mis relaciones con el mundo económico son de pagano puro y nada más.

1

El empresario como héroe

Empecemos resaltando que cada época tiene su figura emblemática, un hombre ideal que es el más admirado y el más envidiado, y digo hombre porque generalmente suele ser la figura de un varón, aunque en nuestra época podría ser un hombre o una mujer. Para los griegos, por ejemplo, la figura emblemática, próxima incluso a los dioses, era el héroe de la ciudad. Más tarde, en el medioevo, la figura fue la del santo. Después, en el siglo XVIII, fue la del sabio, la del hombre de conocimiento, de sabiduría. En nuestra época, si tuviéramos que identificar una figura emblemática probablemente tendríamos que elegir al empresario, al creador de actividad productiva y económica porque es el que de alguna manera todos quieren ser y alcanzar, y porque representa el nivel más alto, envidiable y logrado de la escala social.

Pero, ¿quién es el empresario? Literalmente, empresario significa emprendedor, alguien que emprende cosas, alguien que actúa y cuyo objetivo es satisfacer necesidades humanas. Yendo más allá, es incluso aquel que se encarga de estilizar las necesidades humanas en formas diferentes a las habituales, de tal manera que produzcan mayor placer. Recordemos que nuestras necesidades son, en cierta medida, la fuente de nuestros placeres; las necesidades nos acucian cuando no se pueden satisfacer, pero cuando se satisfacen son parte de nuestros placeres. Si perdiéramos todas nuestras necesidades no solo quedaríamos más tranquilos sino que nos aburriríamos mucho más. Y parte de la tarea del empresario es satisfacerlas siguiendo las virtudes que le son propias.

2

Las virtudes del empresario

La audacia

Entre las virtudes que habría que pedirle al empresario —virtudes en el sentido de excelencia en su arte, sin connotación moral alguna— se encuentra en primer lugar la audacia. Quien al querer emprender cosas no es audaz no emprende nada. Sin un mínimo de audacia, de asunción de riesgo y de arrojo que implique pérdidas o ganancias, no se puede ser empresario.

Capacidad de identificar el interés común

Otra virtud del empresario es su capacidad de cooperación e imaginación para entender un interés común, un algo que no solo le interesa a él sino también a los demás. Robinson Crusoe es el paradigma de un tipo de persona emprendedora, es el típico hombre que llega a una isla y de inmediato empieza a hacer casas y barricadas, a domesticar bichos y a hacer todo tipo de cosas. Sin embargo, no lo podemos asemejar a un empresario porque sus empresas están destinadas solamente a satisfacer sus necesidades, no tienen la dimensión social, la dimensión de impacto social que es obligatoria en el empresario. La función social del empresario no es un requisito voluntario de su empresa: es una necesidad de ella.

Esta capacidad de encontrar e identificar un interés común, que es lo que en último término podemos llamar justicia, es la habilidad de generalizar intereses, de ubicar a cada cual en su lugar, de comprender las exigencias ajenas y de compatibilizarlas con las propias. Son definiciones que, como ya sabrán, son las clásicas de justicia. Aunque obviamente esta no es una virtud exclusiva del empresario, sí encontramos que es vital para llevar a cabo su labor. Una empresa totalmente injusta no puede funcionar. Se le puede imponer a los demás como una carga o una tiranía, pero no funciona porque es incapaz de alcanzar los niveles de complicidad necesarios entre quienes participan en ella para que funcione, y estos niveles de complicidad son precisamente los que crean un mínimo terreno de justicia en el cual operar.

La prudencia

Otra virtud que habría que pedirle al empresario —y en general a cualquier persona que lidera una administración donde existe la posibilidad de pérdida y ganancia— es la prudencia. A todos nos resulta difícil imaginar a una persona imprudente como un empresario excelso. Es más sencillo visualizar el caso contrario para resaltar la necesidad de la prudencia: San Francisco de Asís como gerente general de General Motors sería un desastre, quizá un desastre sublime, pero un desastre. Esto nos dice que no podemos negar que existen ciertas condiciones que son incompatibles con el empresario pero que sin duda pueden ser excelentes en el plano personal. Un empresario con una disposición próxima a la renuncia absoluta, a la santidad o a la generosidad sin cálculo evidentemente sería un mal empresario, un hombre imprudente; quizá salve su alma pero perderá su empresa, y como de las empresas generalmente dependen familias, el trabajo de los empleados, etc., podemos ver entonces las consecuencias de su imprudencia como empresario.

La responsabilidad

La responsabilidad también se cuenta entre las virtudes necesarias de todo empresario. El empresario tiene que responder, no puede sacrificar a los demás para ocultarse. La prudencia empresarial nos dice que el riesgo en las pérdidas y en las ganancias se compartirá mutuamente; no puede ser empresario el que tome la ganancia y deje las pérdidas a los demás. A ese tipo de empresario con gran habilidad para escamotear la ganancia y para escamotearse él mismo en el momento de la pérdida no podemos considerarlo como un verdadero empresario sino como un estafador disfrazado de empresario. Otro tanto sucede con aquel que comercia con una botella de licor adulterado o falsificado: no podemos llamarlo empresario porque sencillamente es un estafador que camina por el mundo engañando a la gente.

La eficacia

La eficacia o la capacidad de generar ganancias es otra virtud propia del empresario, virtud que tradicionalmente ha sido *estigmatizada* —si se quiere— por las culturas católicas. Aquí es pertinente realizar una breve digresión para resaltar esta virtud. En líneas generales, las religiones tienen malas relaciones con el deseo, porque es lo que nos ata a la vida y no lo que nos permite elevarnos hacia algo superior en ella. Esta es la diferencia fundamental entre la ética —en el sentido laico del término— y la religión: la ética busca la vida mejor, mientras que la religión busca algo mejor que la vida. Son dos concepciones completamente diferentes, con finalidades distintas, y por ello es imposible fundamentar religiosamente la ética.

Las religiones cristianas siempre han tenido problemas con las dos grandes vertientes del deseo: el sexo y el dinero. Los protestantes han mejorado sus relaciones con el dinero y en algo con el sexo; los católicos hemos sido el caso contrario, mejor con el sexo y peor con el dinero. En la tradición católica existe cierta indignación hacia la idea de ganancia y de lucro, considerándola como algo inmoral de por sí. El dinero que produce dinero es un hecho que ha horrorizado al pensamiento cristiano, señalándolo no pocas veces como el fruto de la usura. Aun en *La Divina Comedia*, Dante ubica al usurero en el círculo más recóndito de su infierno, pues no existe salvación ni para la idea de ganancia ni para el hecho diabólico del dinero que produce dinero.

Bajo esta mentalidad, la actividad empresarial aparece como algo inmoral, como una actividad que para ser auténticamente moral debería ser ineficaz o arrojar pérdidas en lugar de ganancias. Creo que esta percepción es errónea; en primer lugar, porque la moral en general no debe ser renunciativa, no debe castigar al deseo. La idea de una moral que renuncia al deseo es religiosa, mas no ética. La moral está al servicio de la alegría, es decir, de la afirmación racional de los deseos. No hay entonces por qué suponer que la moralidad está reñida o negada con la eficacia o la rentabilidad, pues por el contrario, pueden ser perfectamente compatibles.

La ética de mínimos o la capacidad de establecer mínimos socialmente aceptables con los recursos humanos para el buen funcionamiento de la empresa

Cuando se habla de niveles de moralidad habitualmente se hace referencia a la ética de máximos y a la ética de mínimos. La ética de máximos propone alcanzar la felicidad. La mayoría de las éticas religiosas y algunas éticas de gran contenido milenarista son de máximos y por consiguiente traen una serie de propuestas sobre cómo ser feliz. La ética de mínimos es mucho más experimentada, más necesaria si se quiere, porque es una ética cívica que busca establecer pautas para armonizar las diversas búsquedas de felicidad en cualquier sociedad. No propone formas para alcanzar la felicidad sino un conjunto de requisitos mínimos que cada cual debe respetar para que pueda buscar su felicidad sin hacerles daño a los demás.

Naturalmente, la ética que podríamos pedir para el empresario no es la de máximos, que busca la felicidad de todos sus clientes a través de los productos que fabrica —esta tarea le corresponde a la publicidad cuando trata de convencernos de que utilizando determinado dentífrico nuestra vida cambiará positivamente—, más bien es la de mínimos, la que le permite identificar a la empresa su utilidad social, su dimensión de justicia y su prudente asunción de riesgos de tal manera que sepa distribuirlos equilibradamente. Al establecer una ética de mínimos, el empresario está manejando dos magnitudes muy diferentes. Por una parte, el capital económico y de inversión, sus instrumentos y sus recursos, y por otra parte, los recursos humanos. A pesar de que ambos son imprescindibles para el buen funcionamiento de la empresa, no puede haber parangón ético entre la relación con el capital y la relación con los recursos humanos, pues sencillamente establecer unos mínimos socialmente aceptables en la relación con los recursos humanos es completamente necesario para lograr una ética empresarial.

La ética de mínimos en una relación justa entre empresario y recursos humanos va más allá de lo legal. Si bien la legalidad marca los mínimos después de los cuales empieza el salvajismo, la verdadera justicia implica un cierto arte de vivir, un arte de saber que el mínimo legal en ciertas ocasiones es insuficiente y que por lo tanto es necesario ir más allá de lo que señala. En estricto sentido, el empresario legalmente no tiene obligación alguna de atender los problemas personales o familiares de las personas que trabajan con él, pero son compromisos que en justicia debe asumir en parte, aunque no sea su obligación hacerlo. Ahí radica ese arte de vivir al que me refiero.

La confianza

Inspirar confianza es una virtud imprescindible para cualquier empresa y empresario.

Una empresa no puede funcionar, quizá ni siquiera pueda existir, si no inspira un mínimo de confianza. La confianza puede ser cosmética, creada de manera artificial y sostenida, diciendo que las cosas van bien cuando en realidad no podrían ir peor. Sin embargo, la auténtica confianza deriva de cómo gestiona sus asuntos y cómo concibe sus productos el empresario. Esta confianza no solamente es una virtud para que el empresario sea bueno, sino que es además una virtud necesaria para que el empresario pueda funcionar, porque si desaparece la confianza, como ya lo decía, desaparece la empresa también. Como podrán observar, la confianza es una de aquellas virtudes que no depende precisamente del altruismo: es indispensable tratar lealmente al cliente, suministrarle el producto que él espera de la empresa. Si la empresa maneja un cierto margen de engaño, si juega a hacerle trampa al cliente, podrá tener cierto éxito al principio, pero si se lleva hasta sus últimas consecuencias estará labrando el camino de su extinción. Sin la confianza que tiene el cliente en los productos una empresa no puede prosperar.

La confianza es entonces una virtud comercial también. Puede sonar escandaloso, *una virtud comercial*, pero no debe olvidarse que además de ser recomendables para lograr cierta salud psicológica o moral, las virtudes tienen una utilidad y son eficaces para la consecución de fines y objetivos. En el caso de la confianza es clara su virtud comercial: ella contribuye en gran medida a la permanencia y prosperidad de cualquier empresa.

3

Ética, aun en medio del holocausto

El psicoanalista infantil Bruno Bettelheim cuenta en un libro muy interesante, *Sobrevivir*, su experiencia como prisionero de un campo de concentración nazi. Para la charla que nos ocupa, me gustaría referirme a esa aguda observación de Bettelheim sobre los prisioneros que apenas llegaban al campo perdían o renunciaban a todos sus controles morales, pensando —como lo podría hacer cualquiera de nosotros— que la ética es un lujo para tiempos mejores, para períodos más civilizados, y que en una situación tan infernal como un campo de concentración no se podía menos que renunciar a todo uso moral y buscar exclusivamente el provecho propio como fuera posible.

Contraria a esta lógica, Bettelheim anota que fueron precisamente todos los que así pensaron los que primero perecieron, mientras que aquellas personas que por convicciones morales o por la simple rutina de toda la vida de comportarse de una cierta manera moral, que admitían los aplazamientos y las restricciones de su propio deseo y reconocían la realidad del otro, eran las que tenían mayor posibilidad de sobrevivir.

La historia narrada por Bettelheim no solo nos muestra los usos de la moral, sino la orientación práctica que esta tiene, la experiencia vital de la cual proviene y por qué podemos recomendarla para otras actividades, incluida la empresarial.

4

La dimensión social del hombre

Pese a que a Adam Smith se le ha convertido en el prototipo de las más rapaces ideas del liberalismo inmiscricorde, él analizó el caso de una persona de bajos instintos morales, confiando en que se transformarían en sentimientos de simpatía y benevolencia mutuas hacia el otro. Su anhelo fue en vano y finalmente llegó a pensar que en las funciones públicas del hombre lo importante es saber que somos egoístas y racionales. Por un lado, buscamos maximizar nuestro provecho y nuestros beneficios y, por el otro, tenemos razón suficiente para saber hasta dónde esa búsqueda nos podrá enfrentar a los demás. De aquí su célebre expresión: «No esperéis de la benevolencia del cervecero la cerveza, o de la del panadero el pan; ellos os los dan por su propio interés, pero también su interés es teneros contentos con su cerveza y con su pan, pues de ello dependen sus propias satisfacciones».

Creo que esta división del egoísmo racional, que a veces parece despiadada y que no tiene por qué ser incompatible con una visión de la importancia social de cualquiera de las actividades lucrativas, no sería muy racional si olvidara la dimensión social del hombre, básica en nuestra estructura y en nuestra actividad. Tampoco sería un buen egoísta quien ignorara hasta qué punto la capacidad de comprender la realidad de los otros, la realidad de los deseos de los demás, la realidad de las exigencias de los otros, en última instancia de ponerse en el lugar del otro, es fundamental para el funcionamiento armónico de cualquier intercambio.

Cuestiones

¿Cómo puede el empresario ejercitar la virtud de la justicia cuando el escenario en el cual se desenvuelve es bastante adverso a los procesos de igualdad entre los seres humanos?

Una primera respuesta, quizá un poco obvia, es que existen cosas justas que no desembocan en la igualdad. Tomemos el caso de dos estudiantes que desean ingresar a la universidad. El primero emplea todas las tardes estudiando obras importantes para llegar bien preparado a los exámenes, mientras que el segundo se dedica a beber e ir a fiestas. Finalmente se presentan a los exámenes de admisión; lo justo sería que hubiera una gran desigualdad entre los dos estudiantes, que el que se preparó para sus exámenes los apruebe y sea admitido en la universidad y el que prefirió ir a fiestas, no. Es claro entonces que en ocasiones lo justo no siempre desemboca en lo igual.

A veces lo justo refleja ciertos desequilibrios que pueden ser históricos, educativos, etc., pero también pueden ser desequilibrios de inventiva, de laboriosidad, etc. Por supuesto, no quiero decir con ello que los ricos son listos e inventivos y los pobres tontos y descuidados, pero lo obvio es que en cualquier mercado los resultados disten de la igualdad, aun partiendo de las mismas circunstancias.

Si bien es cierto que la desigualdad que se refleja en estas sociedades es el fruto de la competencia en condiciones que no son limpias o equilibradas, tampoco se puede negar que atribuirle al empresario, por su simple relación con el mercado, una contaminación en los aspectos injustos que puede haber en la sociedad, es inadecuado.

Decía usted que la ética de máximos es la que propone fórmulas para alcanzar la felicidad, y que ante su imposibilidad o milenarismo era más recomendable seguir una ética de mínimos, de cómo hacernos felices sin hacerles daño a los demás. Sin embargo, la ética social, la ética de la responsabilidad social exige compromisos, es una ética propositiva que busca mejorar las condiciones de los desfavorecidos para contribuir al bienestar de la sociedad en general. ¿No cree que la ética de mínimos se queda un poco corta, por así decirlo, para alcanzar ese compromiso social?

No creo que la ética de mínimos esté tan distante de la ética social a la que usted se refiere. Estoy convencido de que no sabemos los caminos hacia la felicidad, pero en cambio conocemos muchos hacia la infelicidad. La ética mínima lo que busca precisamente es evitar recorrer estos caminos, y ello también es válido para la sociedad en general. Recuerdo un programa de televisión en Buenos Aires con Francis Fukuyama —que en aquel momento ya era célebre por su teoría del Fin de la Historia— en el que algún interlocutor mencionó el panorama de aburrimiento que empezaba a divisarse porque con el fin de la historia todos terminaríamos con dos televisores en la casa, dos neveras, dos autos, dos de todo, todos comiendo hamburguesas, etc. A mí me sorprendió, no por pensar sobre qué haría yo con dos neveras, sino por creer que todo el mundo se aburriría con ello cuando uno de los principales problemas de la humanidad es que gran parte de ella no conoce ni una mínima porción de todas estas comodidades. Mi ética mínima me planteaba la pregunta sobre cómo hacer para que todos podamos conseguir todas esas cosas. Naturalmente, todos los que tenemos en casa un televisor, una nevera y de vez en cuando tenemos la opción de comer una hamburguesa sabemos que existen zozobras en el alma humana que no alivian estas máquinas o la comida. Pero sin duda, los duelos con pan son menores que sin este. La ética mínima no desconoce entonces el contexto de los demás hombres, ni deja de plantearse la pregunta por el bienestar general. Como decía anteriormente refiriéndome a las virtudes del empresario, es necesario establecer mínimos socialmente aceptables para alcanzar la justicia, lo cual es igualmente válido para alcanzar la sociedad justa a la cual hace referencia.

Deontología empresarial

Es posible que algunos de ustedes ya hayan escuchado o leído el contenido de lo que voy a exponer. Como podrán observar, mi capacidad para inventar nuevas historias en cada sesión es enormemente limitada; me sucede como a los paisajes más sublimes, pues incluso la propia naturaleza termina por repetirse. Recuerdo la historia de un monje que le pidió permiso a su abad para retirarse a una capilla en pleno corazón de la naturaleza porque quería dedicarse a ella y alejarse del ruido. El abad le dijo: «Fíjese usted que esa es una zona muy apartada, que vivir allí solo permanentemente puede ser una experiencia muy dura, inagotable, casi insufrible... Aunque, viéndolo de otra manera, ese contacto íntimo con la naturaleza es extraordinariamente bueno». El monje partió, y al poco tiempo, cuando el abad fue a visitarle, se mostró apremiante en su deseo de volver al convento. Entonces el abad le replicó: «¡No! ¿Cómo puede ser, si usted está en una situación privilegiada? ¡Esto es maravilloso!»; «Lo sé, pero... Mire usted a través de esa ventana y dígame qué ve». «Pues veo un torrente que se despeña rocas abajo y arrastra las hojas y a los árboles que se mecen». «Y ahora, a través de esa otra ventana, ¿qué ve?» «Pues veo la cumbre de una montaña que se pierde entre las nubes, con las águilas sobrevolándola a su alrededor.» «¿Y por esta otra ventana?» «Veo el camino cubierto de hiedra y los árboles entre los cuales pastan las ovejas.»

«Y, de nuevo, ¿por la primera ventana?» «Pues de nuevo el torrente que se despeña rocas abajo y arrastra las hojas, pero bueno, esto ya lo he visto, ¿no?» «Precisamente, su señoría, yo también ya lo he visto varias veces...», finalizó diciendo el monje.

Esta historia es un poco lo que me sucede a mí, solo que soy muchísimo más limitado que la naturaleza aun viéndola a través de una ventana. Por lo tanto es comprensible que tema que algunos de ustedes piensen de antemano que los voy a llevar a mirar el mismo paisaje a través de la misma ventana. Sin embargo, espero poder presentarles algún nuevo acercamiento a los temas de la productividad, la responsabilidad social y los problemas de ética aplicada que presentan las empresas privadas.

5

Deontología de la empresa

En todas las disciplinas y profesiones, en cualquier trabajo u oficio, existe una especie de ética privada o particular que la pedantería académica llama *Deontología* —que no tiene nada que ver con el cuidado de los dientes— que quiere decir lo conveniente, lo apropiado para una profesión determinada. No todos los grupos tienen las mismas normas deontológicas. Hay comportamientos que son perfectamente permitidos a algunos grupos y que en otros representan una deficiencia o un problema ético: por ejemplo, comentar quién nos ha dicho una noticia o revelar las fuentes de información cuando contamos un rumor es algo normal entre las personas corrientes, pero en el caso de un periodista puede ser una falta deontológica.

En el caso de la empresa privada, la productividad es uno de sus primeros principios deontológicos. El padre de este principio es Frederic Taylor, quien planteó la división del trabajo como forma de aumentar el rendimiento, haciendo así cada vez más microscópica la parte de responsabilidad de cada trabajador en el proceso productivo. Desde entonces, este principio se conoce como taylorismo, y cabe aquí anotar que la costumbre de hacer que un nombre propio se convierta en un nombre común tiene sus problemas, pues siempre son estos nombres propios los que designan situaciones alarmantes. Vagamente recuerdo en este momento que sadismo proviene del marqués de Sade; kafkiano, de Kafka; masoquista, de Sacher-Masoch; y taylorista, de Frederic Taylor. Entonces, con estos precedentes no puede uno estar muy tranquilo pensando que lo que el taylorismo contiene sea demasiado bueno: con la atomización del trabajo, la empresa como institución se antepone a la persona, al individuo, quien entonces queda supeditado a correr detrás de lo que la empresa ha realizado como el camino a seguir. Entonces, la persona a través de la disciplina tiene que intentar no rezagarse demasiado respecto a la anticipación que la empresa ha hecho de su trabajo. No puede inventarse una forma o un estilo propios, sino que debe tratar de cumplir con las expectativas ya establecidas y anticipadas por la institución.

El taylorismo —que bromas aparte debe haber sido muy cruel en sus aplicaciones más estrictas— se ha ido *dulcificando* con el tiempo, no por la bondad extraordinaria de los empresarios sino por la convicción de que en ocasiones la consideración de los factores humanos mejora y hace prosperar los rendimientos, y, también, de que olvidar la motivación individual no solamente es una crueldad con los trabajadores sino que en buena medida es una falta de conciencia y visión empresarial a largo plazo. Es por ello que otros promulgadores del movimiento empresarial —como Elton Mayo— han ido remodelando las concepciones tayloristas, preocupándose más por mejorar el nivel de vida de todos los miembros de la empresa, por mantener la educación permanente de los cargos directivos y otras concepciones que hoy ya hacen parte de la vida cotidiana de la empresa moderna.

6

La decadencia del concepto de experiencia

Un problema central contemporáneo que se presenta no solo en la empresa sino en toda la sociedad es la decadencia del concepto de experiencia. Durante muchas décadas la experiencia fue una característica fundamental en el desarrollo de las sociedades; incluso de aquí proviene la prevalencia que tenían los ancianos en la tribu y en general en los demás grupos humanos, porque eran las personas que ya habían aprendido, que ya habían visto muchas cosas, que habían sufrido esa pedagogía que mencionaba Platón, la pedagogía del placer y del dolor que es la que nos hace, la que nos enseña a todos a vivir. Nuestro tiempo, en cambio, está obsesionado con su visión juvenil permanente de la vida: todo el que no es joven está enfermo. Hemos convertido la categoría de juventud en una categoría moral; ahora tenemos la obligación de ser jóvenes permanentemente, de ahí que nadie quiera ser adulto. Nadie, por supuesto, quiere ocupar los puestos que solo las personas adultas pueden ejercer —como padre o madre o cualquiera de esos puestos serios— porque puede ser mal visto; todo el mundo quiere ser amigo de sus hijos, las señoras quieren que las tomen por las hermanas de sus hijas, etc. Es un permanente rechazo del envejecimiento: es como si no existieran imágenes positivas sobre el envejecimiento, ya que solamente es positivo lo que tiene el sello juvenil.

La consecuencia directa de las anteriores percepciones es que la experiencia, tan importante y valiosa en el pasado, se ha convertido en algo mal visto, en algo que todo el mundo rechaza. No falta quienes dicen que siguen pensando lo mismo que cuando tenían 17 o 18 años, que *gozan* de las mismas ideas políticas y de las mismas concepciones entusiastas y arrebatadas sobre el mundo, lo cual naturalmente fomenta en su interlocutor las sospechas de que ni siquiera a los 17 años pensaban nada o de que entraron en las ideas como quien entra en la religión, es decir, haciendo profesión de fe sobre ellas y nunca se han movido de esa situación.

También existen otros casos que en cierto sentido son totalmente opuestos pero de alguna manera guardan cierta relación con los anteriores: personas a las cuales conocimos ocupando cargos de responsabilidad en organizaciones políticas aguerridas y combativas o en cargos de responsabilidad gubernamental, a quienes años después volvemos a encontrar y observamos que no solo han cambiado sus opiniones sino que nos siguen regañando igual pero ahora desde la acera opuesta a la que empleaban. Con la misma indignación con que nos acusaban de *espontaneísmo pequeño burgués*, ahora nos acusan de *desviacionismo izquierdista infantil* o de cualquier otra cosa. Entonces, cuando les recordamos que los conocimos en otras facetas, nos responden que ya son otros, que cambiaron, variaron, renacieron y ya no guardan ninguna relación con sus antiguas posiciones. Por supuesto, toda persona que piensa tiene que cambiar de vez en cuando su forma de pensar porque esto demuestra que su pensamiento está en marcha; pero, cuando menos, debe guardar el recuerdo de que en el pensamiento hay modificaciones, oscilaciones, que deben ayudarle a suavizar un poco su intemperancia a la hora de imponer sus ideas a los demás.

En ambos casos, en el caso del que sigue pensando siempre lo mismo y en el que de un día para otro o de un año para otro se convierte en otro hombre que no guarda ningún lazo o que ha perdido los puentes con el anterior, existe una ruptura con el concepto de experiencia. Ninguno de los dos quiere que la experiencia le modifique, le modele y le transforme; ninguno de los dos casos reconoce que la experiencia es un aporte esencial en la vida y que vivimos para no vivir en vano, que una de las funciones de nuestra vida es no vivir en vano y que a ese no vivir en vano lo llamamos experiencia, y que por lo tanto, si uno cambia de ideas, cambiará porque la experiencia le ha demostrado que es mejor que cambie, y que si uno mantiene las mismas ideas lo hará en desmedro de su propia experiencia a pesar de que esta le ha mostrado algunas de sus fallas y que en cualquier caso es importante seguir demostrando que la experiencia es algo que tiene valor.

Desde otro ángulo, tiene bastante sentido el hecho de que la experiencia no cuente con gran aprecio en nuestra época: hoy se pretende encontrar a personas que se adapten a las máquinas o a las herramientas. Cuanta menor experiencia tengan será mejor porque les será más fácil adaptarse a una cosa nueva. Alguien que nunca en su vida haya manejado un ordenador o una máquina de escribir es probable que se adapte con mayor facilidad al último modelo de sistema informático, pues como no ha conocido ninguno anteriormente, no tiene el lastre que le causa haber conocido otras cosas. Tampoco tiene que reciclar sus conocimientos, ni identificar los matices entre los diferentes lenguajes; solo tiene que aprender el conocimiento que le impone la nueva máquina, la nueva herramienta. Quien no tiene ninguna experiencia propia también es mucho más obediente, pues lógicamente no tiene ninguna reserva de principios o de conocimientos que le permitan resistir o por lo menos plantear algunas alternativas a lo que se le dice u ordena.

7

La experiencia y el mito del hombre nuevo

El sueño totalitario por excelencia del siglo XX, que todavía de vez en cuando se sigue repitiendo más o menos con un tono religioso como algo positivo, es el mito del hombre nuevo, del hombre que no tiene memoria ni voluntad, ni todas las reservas aparentemente viciosas propias de la experiencia y la tradición acumuladas que hacen que las personas no sean fácilmente manejables. El mito del hombre nuevo en el terreno laboral busca guiar y utilizar a personas que no tienen ningún tipo de experiencia, como los jóvenes graduados que no tienen enormes exigencias económicas porque apenas están comenzando y que no presentan mayores resistencias a la autoridad porque después de todo no han conocido otras cosas y creen que todo lo que se les impone debe ser así porque siempre ha sido así; no conocen otras situaciones ni otras formas de administración ni de ejercicios de autoridad.

La decadencia del concepto de experiencia, el miedo a la experiencia, el deseo de que las personas que tienen experiencia en lugar de ser vistas como personas positivas, como gente valiosa, sean vistas como individuos con resabios de los cuales es necesario liberarse cuanto antes porque son fuente de problemas, es una de las características más peligrosas de la industria y de la sociedad moderna.

Pero, ¿cómo podría evitarse en el terreno de la empresa la decadencia del concepto de experiencia? De manera indirecta, esta pregunta nos lleva a ocuparnos de la deontología de la empresa. Pero antes puede plantearse una posible respuesta: el sueño, el diseño imaginario para evitar dicha decadencia, es aunar a la perspectiva de la institución —perspectiva que efectivamente puede ser taylorista, funcional y atenta a las nuevas tecnologías— la perspectiva de la persona, que es donde se encuentran la experiencia, la memoria enriquecida, la iniciativa y la creatividad, entre otras características. Por supuesto, esta propuesta ya es una primera aproximación a los principios deontológicos de la empresa, a aquellos funcionamientos que se le pueden exigir a una empresa para que exista un auténtico respeto laboral entre sus trabajadores.

Entre dichos principios se encuentra la *comunicación*; es decir, la capacidad esencialmente humana de escuchar, respetar y fomentar que los demás hablen, de atender sus proposiciones e intervenciones, de intercambiar opiniones con ellos. La *autoridad* es otro principio deontológico que puede pedírsele a las empresas. La palabra autoridad proviene del latín *auctoritas*; es decir, de lo que estimula o ayuda a crecer. En este sentido, la autoridad que tiene un padre sobre su hijo no es simplemente su vocación de mando ni su capacidad de dar órdenes, sino su aptitud para facilitar y potenciar su desarrollo. Lo mismo puede decirse de los directivos de una empresa: su autoridad es la capacidad que tienen de despertar, aumentar y de hacer crecer lo que existe en el trabajador.

También se encuentra la *motivación*, pero no la motivación que se limita a alentar la supervivencia del empleado, a estimularlo con el garrote y la zanahoria, con la amenaza de la destitución en un mercado muy abierto repleto de personas que están dispuestas a ocupar su cargo con o sin experiencias, ni con el aliciente de elevados salarios. La motivación como principio deontológico se refiere a la sensación de utilidad del empleado, de sentir la dimensión creativa en su trabajo y de saber que está aportando algo, que está formando parte de una empresa no solamente en el sentido económico sino también en el sentido social y de formación de comunidad. Para la empresa, entonces, la motivación debe propender a la formación de comunidad más que a la potenciación económica de su grupo. Dos casos prácticos de este principio motivacional son las empresas japonesas y alemanas, en las cuales se hace gran énfasis en los aspectos comunitarios de la empresa y en la idea de motivar a los trabajadores con una sensación de obra común, de proyecto compartido y de lealtad a las personas o a las ideas. Cabe destacar que ya de por sí la capacidad de *formar sociedad* es un principio deontológico que hoy comúnmente llamamos *responsabilidad social.*

Naturalmente es bueno crear bienes, pero es aún mejor colaborar en la creación de comunidad, en la creación de una sociedad armónica. En otras palabras, la *responsabilidad social* de una empresa significa que esta asume de manera decidida una posición a favor de la educación, al lado de la lucha no ya contra los hechos puntuales que muestran el doloroso rostro de la miseria y de la pobreza, sino también contra sus causas, contra las estructuras que de alguna manera reproducen eternamente los mecanismos de la pobreza. La asunción de esta posición no significa que la empresa renuncie a sus beneficios o a la potenciación y creación de espacios económicos. Simplemente es aceptar que si en una sociedad el conjunto de sus empresas no se une en torno a la responsabilidad social, en el corto plazo la situación podrá ser favorable, pero a largo plazo sería ignorar la catástrofe que se avecina cuando la mayoría de la sociedad se debate diariamente en condiciones extremadamente difíciles de subsistencia.

Los principios que he mencionado son lo que podríamos llamar la deontología hacia el interior y hacia el exterior de la empresa. Son estas deontologías las que permiten que la empresa esté del lado de la armonía en la sociedad, evitando acentuar el desgarramiento propio de la entropía social, de la decadencia de los grupos e instituciones humanas. Una empresa con responsabilidad social está a favor de contrarrestar los aspectos negativos que propenden por el caos y a favor de volver a atar los lazos sueltos y de potenciar todas aquellas tendencias positivas en la sociedad que no han sido apoyadas lo suficiente.

8

El consecuencialismo

¿Hasta qué punto las buenas ideas y las buenas intenciones pueden tener buenas consecuencias? Esta es una de las preguntas centrales que toda empresa debe atender cuando inicia cualquier proyecto. De hecho, existe una doctrina de reflexión moral que se llama el consecuencialismo, dedicada a estudiar las consecuencias de las ideas aparentemente buenas. Uno de los casos más estudiados por esta doctrina es la política de protección a favor de la madre soltera negra del presidente Johnson en Estados Unidos. En principio, la idea es excelente y está orientada por una intención magnífica: es lo que a primera vista podríamos llamar algo positivo. Sin embargo, con el tiempo —y si los sociólogos no mienten— esta idea positiva produjo consecuencias indeseadas: para conservar sus ayudas, las mujeres negras rehusaban el matrimonio y preferían mantener su condición de madres solteras; algunos hombres especialmente laboriosos y combativos se dedicaron a vivir a costa de los subsidios de las mujeres, sin tejer verdaderos lazos familiares. En suma, una medida tendiente a generar bienestar terminó deteriorando aún más la estructura familiar de las negritudes, con las consabidas consecuencias de incremento de los niveles de delincuencia y de disminución de su capacidad de defensa grupal, contraria a la protección y promoción de sus propios derechos, cosa que sí hacen los vietnamitas, chinos, coreanos y hasta hispanos en Estados Unidos.

Entonces, el consecuencialismo nos dice que las buenas ideas siempre deben ser contrastadas con las acciones que generan para corregirse o complementarse, de tal manera que lo que había empezado con buena intención no se convierta en un problema más grave del que se quería resolver.

Cuestiones

En un país en guerra, con graves situaciones de violencia e injusticia, ¿cómo podríamos lanzar algunas reflexiones sobre el tema de la responsabilidad social y el papel del empresario como actor social?

Es el momento de recordar otra palabra con la que sucede lo propio de las palabras prestigiosas: nadie está en desacuerdo con ellas, pero en cuanto se empieza a profundizar afloran todas las concepciones tan diferentes y opuestas que al final se evidencia que cada cual está hablando de algo distinto. Se trata de la palabra libertad. Cada persona quiere aceptar algunos aspectos de la libertad, algunas orientaciones, pero no sus contrapartidas. El problema de la libertad —por el cual podríamos decir que se convierte en una carga— consiste en que al hacerse libre, el hombre también se hace culpable de pensar por sí mismo, de decidir por sí mismo, de actuar por sí mismo, como nos lo demostró Erich Fromm en su célebre ensayo *El miedo a la libertad*. En este proceso de hacerse libre, el ser humano también enfrenta el embate de los fantasmas de su pasado, la enemistad de personas de su entorno, quizá la propia zozobra de su conciencia que no está segura de acertar o no. Entonces, puede ser comprensible que pretendamos descargar sobre alguien, sobre una estrella, sobre Dios o incluso sobre el vecino, la carga de la libertad. Es algo negativo que puede tener su paliativo, pero claro, cuando llega el momento de descargar la culpabilidad y aparece un líder carismático, una persona que dice: «Yo llevaré vuestros pecados; solo tenéis que obedecerme ciegamente», y cuando efectivamente la persona responsable de su libertad le pasa la carga a este líder, no debemos dudar que se ha dado el primer paso hacia la creación de un movimiento fascista. El miedo a la libertad está entonces en la estructura fascista, en esa necesidad de adhesión inquebrantable a una figura que sí se atreve a ser libre y que puede eximir a los demás de serlo, y podemos decir que es tal el miedo que se opta por obedecer sin miramientos a aquel que no admite ni leyes, ni respetos, ni derechos humanos ni inhumanos, ni nada que se asemeje a derechos y deberes. Él transgrede todo lo que se puede transgredir, y quien lo sigue cree vivir una libertad que obviamente no es la propia.

En la sociedad democrática este problema tiene otra faceta, pues todos soñamos con la omnipotencia y tememos las malas consecuencias de la libertad. Este argumento, como ustedes recordarán, es el de las tragedias griegas. La tragedia griega no consiste en que una persona muy mala empieza a hacer barbaridades y al final es castigada, tal como ocurre en algunas obras de Shakespeare. Un griego no hubiera visto nada trágico en Macbeth o en Ricardo III, pues son personajes poco recomendables y nefastos; a pesar de que el poeta los dota de un mundo de subjetividad muy turbador, son personas que realmente lo único que están haciendo es daño y que, finalmente, son castigadas. Un griego diría que lo trágico habría sido que Macbeth continuara gobernando indefinidamente, porque desde el momento en que es castigado ya no hay tragedia alguna. La concepción griega de la tragedia es el encuentro de dos personas, de dos concepciones con buena voluntad que chocan entre sí: eso es lo trágico. Antígona quiere enterrar a su hermano porque considera que la piedad por su hermano es un fundamento imprescindible, pero no porque sea una persona con sentimientos negativos o nefastos que quiera contrariar los designios del gobernante. A Antígona no le importa si su hermano es un alzado en armas contra su ciudad. Después de todo, piensa ella, las ciudades pasan y lo que queda es la creación de la sangre. Antígona quiere enterrar a su hermano porque, como dice en una ocasión, «no he nacido para el odio sino para el amor». Por lo tanto, ella está dispuesta a enterrarlo al precio que sea, caiga quien caiga, y no va a permitir que ninguna ley civil le impida cumplir con su sentimiento religioso. Creonte, por su parte, piensa lo contrario: la supervivencia y el gobierno de una ciudad exigen el abandono de esos principios que dicen «se trata de mi hermano, o de mi sobrino, o de mi padre...», porque para la ciudad lo importante es la ciudadanía. Todos tenemos que vivir hermanados por las leyes y no por la sangre; en el momento en que cada cual anteponga sus vínculos familiares a los de la ciudad —continúa Creonte— viviremos una catástrofe, por no decir una hecatombe. Creonte se empeña en que no se puede enterrar al insurrecto hermano de Antígona, y ella dice que sí, y él que no, y se desencadena la tragedia: es el choque de dos personajes que de alguna manera están provistos de cierto impulso positivo pero que no son capaces de ceder en el uso de su libertad porque no pueden razonar. Puesto que ambos tienen una opinión fija, entran con tal velocidad en la tragedia que no existe posibilidad alguna de desviarse. Nada de lo que ocurre altera su posición: ambos están en lo correcto, y niegan y desconocen la experiencia. Nada de lo que Antígona ve la hace cambiar, ella entra diciendo una cosa y hasta el día de su muerte seguirá diciendo lo mismo. Entonces, cuando Creonte se arrepienta de lo que ha hecho, por supuesto ya será tarde porque la tragedia habrá ocurrido.

Detrás de los protagonistas de la tragedia marcha el coro —que representa el sentido común del pueblo— diciéndoles constantemente: «Tú que nunca oyes, tú que nunca escuchas, oye lo que te dicen, escucha lo que te dicen», y es un canto inútil. Más que ser malintencionado, el personaje trágico es sordo, no oye a los demás, no se comunica con los otros, es un autista. De esta manera, la tragedia se trama a través de la férrea voluntad unida al autismo de sus personajes. La maestría de Sófocles está en poner en escena ese problema real de la democracia: las voluntades bien intencionadas que se chocan porque no ceden, no escuchan y no intercambian entre sí.

Aristóteles, en sus estudios sobre la tragedia, destaca cómo los espectadores sentimos piedad por el protagonista, cómo su situación hace que nos identifiquemos con él. Todos en algún momento compartimos el sueño de omnipotencia infantil que tiene el protagonista: «Yo quiero que esto sea así y que se haga de esta manera; ¿por qué tenemos que consensuar o ponernos de acuerdo con el otro o con los demás? Sencillamente yo quiero que esto sea así y se acabó». Estas palabras del protagonista trágico despiertan nuestra simpatía y nuestro sentimiento de adhesión porque nos recuerdan el sueño de omnipotencia infantil que tuvimos cuando éramos pequeñitos y, de hecho, nunca nos repondremos de haber sido dioses por una pequeña temporada en nuestra existencia. Es un período que nos deja marcados para siempre con el anhelo de volver a ser ese Dios que alguna vez fuimos: no consultemos con nadie, no busquemos acuerdos, sino que simplemente hagamos lo que queramos, caiga quien caiga. Aristóteles, después de vivir este momento de identificación, de piedad, se pregunta qué pasaría si todos fuéramos así; qué pasaría si toda la sociedad fuera así, imposibilitada para responsabilizarse por lo que hace porque no atiende a los demás, porque no puede responder, porque no escucha y porque el que no oye no puede responder. Lo primero que exige la responsabilidad es escuchar para después poder responder. Responsabilidad significa que cuando alguien pregunta otro responde y dice: «Sí, he sido yo, lo hice por estas razones y asumo la culpa por una decisión mía».

En nuestras sociedades existe un caso de omnipotencia trágica sobre el cual no sabríamos a quién responsabilizar, si a ellos o a nosotros. Es el caso de los políticos, a quienes contrariamente a lo que nos sucede a las personas comunes, que podemos disculparnos por nuestras diarias y constantes equivocaciones, no les está permitido enmendar sus fallas porque no consentimos que las tengan. Los políticos nunca pueden decir: «Sí, me equivoqué, creí que esto iba a salir bien y fue un desastre; ya no se puede hacer nada pero trataremos de arreglarlo». No sé si no les está permitido por una cierta falta de sensatez humilde o porque nosotros no les toleramos un error. Pensamos que si se equivocaron de tal manera es preferible que se vayan al garaje de sus casas y ensayen allí a prueba y error. Y quizás sería mejor de la otra manera: cuando un político reconoce su error deberíamos conservarlo porque sabemos que errar es humano y que seguramente los otros políticos también se equivocan, solo que no tienen el valor y la humildad para reconocerlo. Este sentido de responsabilidad es el que nos resuelve el problema trágico, porque quien admite un error está respondiendo, y, como ya lo habíamos dicho antes, solo responde quien escucha y por eso no entra en el terreno de lo trágico. Lo que propicia la tragedia no es la acción del malvado sino la de las buenas voluntades ciegas que no ven más que su razón. No creo que sea posible caminar por la vida con la Razón, con «R» mayúscula, sino que hay que llevar consigo muchas razones con minúscula para intercambiar con los demás. Y debemos asumir nuestra libertad, con el peso de la responsabilidad descansando en nuestras espaldas.

Si las observamos en el contexto social, sucede que la eficiencia de las grandes empresas, su ética y su responsabilidad, combinadas con la internacionalización de la economía son la perdición para los pequeños empresarios, quienes a pesar de todos los esfuerzos que hagan no podrán alcanzar los rendimientos de las grandes empresas e incluso pueden perder su pequeña porción del mercado, en manos de ellas. ¿Cómo hacer para que la responsabilidad interna de una empresa no se torne en irresponsabilidad social?

La paradoja que usted plantea es completamente cierta y además sintetiza muy bien el problema de la sociedad hipercompleja de masas: la ética intenta preservar una parte de autonomía positiva en cada uno de los individuos, pero claro, todos somos conscientes de que el número creciente de individuos hace que nuestra autonomía tenga un alcance muy limitado. De ahí probablemente que algunas de las tareas que tenemos por delante sean cómo vamos a enfrentar los grandes problemas relacionados con el sostenimiento del planeta, cómo lograremos la conservación de la paz, etc., a una escala de más de seis mil millones de seres humanos. Esto nos lleva de nuevo a la paradoja planteada —cómo no ser irresponsables socialmente al ser responsables individual o grupalmente—, y nos damos cuenta de que las pautas tribales con las que hasta ahora hemos resuelto nuestros problemas van a ser probablemente insuficientes.

Incluso en la sociedad mejor organizada cada individuo tiene que plantearse si va a utilizar a los demás como meros instrumentos o si va a reconocerlos como fines en sí mismos, puesto que omitir este planteamiento significa caer en el ciclo de la paradoja.

La decisión moral de la persona sigue siendo importante, pero también es cierto que ya no podemos contentarnos simplemente con exhortaciones morales y es necesario pensar en unas pautas de armonización y búsqueda de otro tipo de riquezas, quizá más generalizables. La idea no es renunciar a las riquezas sino empezar a pensar cuáles son las verdaderas riquezas y, sobre todo, qué posibilidad tienen de generalizarse. Un ejemplo de ese tipo de riquezas es el conocimiento: es una riqueza positiva cuyo disfrute aumenta a medida que más personas lo tengan. Cualquier persona que posea conocimientos encontrará más interesante que los demás también los tengan, pues eso potencia los propios; si estuviera rodeado de imbéciles no tendría con quien dialogar. Es evidente que debemos buscar un camino que favorezca este tipo de riquezas y no las que no se pueden generalizar.

Otro caso que podría contribuir a resolver la paradoja sería la disminución de las horas de trabajo en la empresa, abriendo así la posibilidad de que los desempleados completen —y por qué no, aumenten— la jornada laboral. Esta sería otra forma de realizar una acción social y éticamente responsable con la sociedad y sus desempleados especialmente.

Sí, ese es un gran debate que sigue dándose en Europa: la flexibilización de los horarios de trabajo de tal manera que se pueda ampliar la participación en el mercado laboral. Quienes están a favor de este argumento señalan que, gracias al desarrollo tecnológico, el trabajo se ha ido desligando cada vez más de la producción para pasar a ser un elemento esencial en la socialización y expresión humanas y creativas. Por ello —continúan argumentando— es apenas natural que se repartan mejor las horas de trabajo y se deje más tiempo al ser humano. La contraparte son los sindicatos, quienes se oponen porque ven en este cambio la disminución del valor del trabajo, la relativización y pérdida de estabilidad de los puestos de trabajo, etc.

Pero aparte de cómo se está desarrollando esta discusión, es importante resaltar un argumento a favor de la primera posición: la bomba social a punto de estallar y que se estaría potenciando si continúan conviviendo personas que por temor a perder su trabajo laboran como fieras durante un número excesivo de horas con personas que no encuentran ningún trabajo. En España esta situación es bastante clara.

Quizá sería interesante que nos detuviéramos un poco más en su planteamiento sobre la audacia, especialmente sobre la idea de que la audacia no debe ser un valor al interior de la empresa o de los intereses específicos de la empresa sino hacia la sociedad. Esta idea amplía los horizontes de la empresa e incluso le señala un eficaz camino ético y político para contribuir al desarrollo de la sociedad: arraigar su capacidad emprendedora al proyecto de construcción de una idea de sociedad. Creo que esta es una posibilidad muy importante.

Empecemos distinguiendo de nuevo entre la audacia del creador y la del especulador. La principal diferencia es que la del primero abre caminos mientras que la del segundo solo aumenta sus propias ganancias. Por supuesto, la verdadera audacia es la del primero, la audacia que innova, que genera nuevas fuentes económicas, que crea espacios de trabajo y participación económica que antes no existían, en fin, la audacia que ante lo que se creía inviable inventa una nueva dimensión económica. Un caso célebre de audacia y de apertura de espacios económicos fue el capricho europeo de las especias: hoy en día nos parecería ridículo buscar el desarrollo económico a través de las sustancias para sazonar la comida, y sin embargo, en su época, fue un capricho esencial para motivar los viajes entre los continentes, el descubrimiento de América, el desarrollo de la navegación, etc. La audacia puesta al servicio de algo que podría parecer un capricho menor que alguien quisiera satisfacer, puede crear un nuevo espacio, un nuevo orden económico.

El caso contrario de este tipo de audacia se encuentra en España durante el franquismo, que creó un capitalismo meramente especulativo y cuyos efectos aún seguimos padeciendo en buena medida. Era un capitalismo desarrollado en un mundo artificial, en una campana de cristal que aislaba a España de las economías internacionales, y que movía el dinero de tal manera que sin producir nada era capaz de generar ganancia para algunos. Es como jugar a la ruleta: la audacia se limita a apostar un centavo para recibir cuatro, pero con esta ganancia no se crea ningún tipo de movimiento económico o social, sino que simplemente se abulta el bolsillo del jugador.

¿Cree usted que los movimientos sociales —incluso algunos que ya se están internacionalizando como los de género— plantean o promueven el nacimiento de una nueva ética?

Yo creo que en la ética ya está casi todo inventado. Lo que hace falta no es inventar una nueva ética sino cumplir la vieja, la antigua, con eso nos bastaría. Lo que esos movimientos crean son nuevos espacios quizá de debate ético, de debate moral y también crean esa institucionalización civil de aspectos morales, porque no es lo mismo que un señor se niegue a coger las armas a que haya un movimiento organizado —y si es internacional más aún— que rechace la obligación de llevar armas en contra de la propia voluntad, por ejemplo. Entonces esto crea un desafío ético y político también para la sociedad, le plantea un problema que no tenía y sobre el cual tiene que empezar a reflexionar. Frente a la rutina que hace invisibles las cosas cotidianas, los movimientos sociales crean un foco de luz sobre un aspecto que antes pasaba desapercibido y obviamente desatan los debates a favor y en contra, animan los pros y los contras y todo lo demás. Entonces creo yo que ahí radica la importancia de los movimientos sociales: crear el debate, más que crear una nueva ética o un nuevo hombre. En la ética lo importante es tratar de cumplir una serie de cosas que pueden parecer antiguas pero que son importantes.

Esta es una de las diferencias fundamentales entre la ética y la estética: la segunda es el reino de la novedad mientras que la ética es el personaje aburrido que tiene que estar recordando lo de siempre. La estética no funciona si no aparecen novedades: hoy no consideramos estético pintar exactamente igual a como lo hacía Rembrandt: él pintaba muy bien, pero ahora la evolución obliga a pintar de otra manera y a producir otros elementos. En la estética hay una búsqueda de la novedad, sobre todo si es una novedad afortunada por unas u otras razones. La novedad siempre es el ingrediente del genio, del talento artístico. En la ética importa lo contrario, es decir, la capacidad de recordar que el hombre debe reconocer lo humano, que hay una relación que no se puede romper y que constantemente hay que estar redescubriendo, al margen de todas las novedades y los cambios de la ciencia o de la técnica. La ética es el reino de la repetición de un fondo que todos tratamos enseguida de olvidar, mientras que la estética es el mundo de las novedades, aunque a veces se pueden vislumbrar algunas tendencias estéticas en la ética, como cuando nos preguntamos por alguna nueva forma de preocuparnos por los demás.

En mi opinión existen dos factores que hacen difícil que las empresas sean éticas: el primero es que no se plantean la pregunta por el ser humano, por la condición humana, sino que simplemente ven al hombre bajo la categoría de recurso humano; el segundo, y retomando su definición del papel del empresario en la sociedad —aquel que satisface las necesidades humanas—, es que para expandir su capital y sus espacios de trabajo, el empresario ha creado necesidades ficticias, irreales, que en lugar de beneficiar a la sociedad le aumentan sus niveles de insatisfacción. Creo que de persistir estos dos factores difícilmente podrá ser ética una empresa...

¿Cuáles son las necesidades del ser humano? Quizá solo podemos aproximarnos a esta respuesta por las satisfacciones e insatisfacciones que sienten las personas. Algunos de nosotros no tenemos ni idea de por qué necesitamos leer libros, solo sabemos que si no los tuviéramos viviríamos bajo una terrible insatisfacción; para otros, su necesidad será el cine, etc. Creo que no existe un catálogo fijo sobre las necesidades del hombre, pero es evidente que a medida que aumenta el desarrollo de la riqueza se van creando nuevas necesidades. Salvo las sociedades monacales ninguna sociedad busca la austeridad, sino la generación de riqueza para satisfacer sus necesidades. Recuerdo a propósito el caso de un cínico griego que decía tener solo un cuenco como propiedad en el mundo y al llegar a un río a beber agua con su cuenco, se disgustó sobremanera al ver a un niño que bebía agua con la mano. El cínico, indignado, tiró su cuenco y se dijo que era absurdo que se hubiera creado una *necesidad innecesaria*. Paralela a esta mentalidad que siempre ha existido, social y culturalmente también ha existido la necesidad de beber agua en un cuenco y no de la mano.

La ética no está inspirada en el carácter renunciativo, en la posición del cínico que no necesita nada y a quien por lo tanto le sobra casi toda la sociedad. La ética se orienta más hacia la introducción de un principio de organización racional de los deseos, de tal manera que se les eduque para que no se incentiven por el afán de la novedad y que se guíen de manera creativa, no hacia la adquisición de cosas sino hacia el desarrollo de sus propias capacidades. Es lo que buscamos cuando educamos a un niño mostrándole que muchas de las cosas que va a necesitar no las hallará a través del consumismo sino de su propio esfuerzo.

Con lo anterior no quiero decir que sea inmoral el hecho de que las personas tengan ahora más posibilidades y recursos a su alcance. Para no ir más lejos, tomemos el caso de la anestesia: hace poco me intervinieron quirúrgicamente de la misma enfermedad que aquejó a Montaigne, solo que en su época no había anestesia y francamente me alegro que ahora yo pueda correr con mejor suerte.

La inmoralidad no está en la abundancia de recursos sino en la mentalidad totalmente pasiva que no vive el mundo más que como un gran bazar y que renuncia a toda actividad o iniciativa creadora propia. El extremo más delicado de esta mentalidad es llegar a creer que incluso los seres humanos hacen parte de ese bazar y que por lo tanto no existe mucha diferencia entre comprar un detergente y comprar una relación con otro ser humano. En esta perturbación, en esta incapacidad para distinguir al ser humano de un objeto, no tiene culpa alguna el empresario; sería totalmente injusto decir que la responsabilidad es del empresario o de los empresarios, aunque no hay duda de que tal mentalidad ocasionalmente puede favorecerlos.

¿Qué nos sugeriría usted para reducir la brecha entre los valores de la sociedad común

y corriente y los que buscamos en nuestras empresas?

Hace algún tiempo había en España una obsesión con el tema del vacío o de la crisis de valores. Por mi parte no sé ni qué es la crisis ni qué es el vacío de valores. A mi parecer, todos los valores surgen de una crisis y surgen también como respuesta a algo que debería funcionar y que no está funcionando. Una persona va caminando por la calle y se encuentra con un hombre enorme pegándole a un niño: el paseante se detiene y surge en él un valor, el del trato humano entre los niños y los adultos, o algo por el estilo. En el paseante se hace presente una cierta rebelión frente a lo que está observando, bien sea ante esta o ante otro tipo de injusticia. Es en este momento cuando surge un reclamo por algo que se considera valioso y que corre el peligro de dejar de existir.

La gente sensible siempre llama crisis de valores la indignación que siente frente a la realidad que le rodea, frente a la diferencia entre el ideal y la práctica moral.

Sin embargo, creo que la verdadera crisis de valores se produciría el día que abriéramos la ventana y dijéramos que todo funciona bien, a la maravilla, que las cosas están precisamente como deben estar, que lo que ocurre es exactamente lo que debe ocurrir, etc. Ese día sí que estaríamos ante una crisis de valores porque se anularía la tensión entre lo que es y lo que debe ser y, por ende, perderíamos también el nervio moral. Mi sugerencia sería entonces no alarmarnos por la diferencia que existe entre lo que es y lo que debería ser, y esforzarnos por hacer las cosas de la mejor manera posible. Lo peor que nos podría pasar es que llegara el día en que el mundo real y el mundo ideal coincidieran perfectamente.

¿Qué podríamos hacer la empresa, los educadores y la sociedad en general para poder llevar a la práctica los acuerdos de convivencia, los mínimos éticos de los cuales usted hablaba, de tal forma que no se nos conviertan en conocimientos acartonados que no afectan la vida y que son tan comunes en nuestras aulas de clase? En su libro Ética para Amador *usted nos dice que la ética nos tiene que enseñar a vivir, ¿cómo lograr esa ética a nivel colectivo?*

Ética para Amador tiene su origen en un aula de clase en Barcelona. Una amiga mía que es profesora de ética me comentó después de sus clases que se encontraba un poco desesperada porque no encontraba textos que vertebraran el curso, pues casi siempre las charlas derivaban en comentarios sobre noticias periodísticas, etc. Ella me preguntaba qué les diría yo, cómo les hablaría de ética, y mi respuesta fue *Ética para Amador*. No pretendo con este libro convertir en buenas a las personas. Nosotros lo único que podemos hacer es seguir intentando que los valores sean comprensibles —y ojalá sugestivos— para alcanzar una convivencia civilizada. También es necesario un cambio de concepción sobre la ética, porque lejos de ser comunicada a través de un curso que tiene un principio, un fin y una evaluación, la ética es una empresa para toda la vida, no es un curso o una lección que se acaba al final del semestre sino que permanentemente se está reflexionando sobre ella.

Cuando usted planteaba la posibilidad, o mejor, la necesidad de que las sociedades se concentraran en otro tipo de riquezas diferentes a la material, inmediatamente me vino la idea de democracia. ¿Podríamos explorar un poco más esta asociación o relación entre ética y democracia?

La primera relación es que surgen en el mismo tiempo y en el mismo lugar. La segunda es la que nos legó Albert Camus: «La democracia es el sistema político en el cual son los medios los que justifican los fines». Los sistemas totalitarios se caracterizan porque proponen unos fines excelsos y no tienen reparo alguno en valerse de los medios más inhumanos para alcanzarlos. En cambio, en la democracia —como bien lo señala Camus— son la transparencia y la adecuación de los medios las que garantizan que los fines políticos que se están buscando sean aceptables. Esto es lo que sella un convenio ético y político en la sociedad a favor de los ideales que se están buscando.

Si podemos afirmar que en la ética ya todo está dicho, quizá también podríamos decir que es una especie de «fin de la historia humana» porque ya nada nuevo puede plantearle desafíos éticos a las personas. Sin embargo, parece que siempre hay algo nuevo bajo el sol que nos continúa cuestionando, como es el caso de la manipulación genética, que le presenta interrogantes a la ética que no habían sido considerados anteriormente, interrogantes que incluso han dado nacimiento a una nueva disciplina o campo en la ética: la bioética.

Los nuevos avances en las diferentes disciplinas sin duda alguna nos traen también nuevos planteamientos éticos, más en el sentido de problemas que de cuestionamientos radicales a la ética. La base de la ética es la que permanece invariable y sobre la cual creo que ya se ha dicho todo. Por ejemplo, es poco probable que la manipulación genética cambie el principio ético del respeto entre los hombres, pero sí es altamente probable que nos interrogue éticamente sobre si estamos respetando a un ser humano cuando manipulamos su código genético para hacerlo más eficiente.

Creo que las éticas no son tan diferentes entre las diversas culturas como podría pensarse. Existe una disparidad superficial, especialmente en lo referente a las supersticiones. Unos dicen que es necesario taparse la cara, otros que se debe comer tal plato los jueves, y así sucesivamente. Pero aparte de estos detalles, la base moral es bastante común. No existe ninguna cultura ni moderna, ni antigua, ni atrasada, ni adelantada que piense por ejemplo que la mentira es mejor que la verdad, o que la cobardía es mejor que el valor, o que la avaricia es mejor que la generosidad; no existe. ¿Por qué? Porque son debilidades: nadie miente por fuerza, se miente por debilidad; nadie es avaro porque tiene tanta fuerza que se siente seguro, sino porque se siente inseguro sobre el futuro y quiere asegurarse ante él; naturalmente nadie es cobarde por fuerza, sino todo lo contrario. Y como son debilidades, ninguna cultura en el mundo las sanciona como positivas porque el hombre lo que quiere es la plenitud y el triunfo de la excelencia, no la cobardía ni el triunfo de la debilidad.

Pero bueno, a veces cuando se empieza a hablar de la ética, de las cosas que funcionen humanamente bien, estoy de acuerdo, no tenemos que ser tan dulces o ingenuos para no saber que hay personas y empresas que utilizan la ética de forma cosmética. Un ejemplo similar es el que sucede ahora con las modas ecológicas: hay gente y empresas que venden el mismo producto que hace un año pero con unos botes pintados de verde, con una florecita y una vaca y que dicen que su producto es muy ecológico y ya con eso esperan vender un poco más; es un ejemplo en el que se utiliza la ecología como cosmética. Igual destino puede tener la ética, ser empleada de manera cosmética y nada más.

¿Es posible crear una ética empresarial cuando en última instancia la ética es un problema fundamentalmente individual? Aun en el caso en que una persona trabaje en una

empresa con una práctica ética excelente, se encontrará en situaciones en las cuales debe tomar decisiones bajo su entera discrecionalidad, sopesando los intereses de la empresa ante todo pero guiándose por su propia moral.

Estoy totalmente de acuerdo: la ética es una práctica irrenunciablemente individual, intransferible, íntima. Es el espacio personal en el que no existe castigo, sanción u obligación. Cada cual decide qué es lo que quiere y lo que no quiere según su propia convicción.

Esta ética debemos diferenciarla de la deontología, que es la que establece las reglas de juego en cualquier grupo o equipo de trabajo. Por ejemplo, el diario *El País* en España ha hecho pública su declaración de principios. Aunque no tiene obligación alguna de hacerlo, ha establecido con esta un compromiso con los lectores y los redactores: vamos a verificar las noticias de esta manera; rectificaremos en determinados casos; defenderemos estos principios; etc. Estas reglas de juego se aceptan no porque sean moralmente imprescindibles —las demás personas o medios pueden comprometerse con otras ideas o principios— sino porque se busca la excelencia y la deontología crea un marco propicio para la excelencia. Ello no quiere decir que la decisión en los momentos de peligro no siga siendo estrictamente personal. La deontología señala unas pautas de funcionamiento para los miembros de la empresa pero la decisión personal sigue primando, y a veces inclusive se toma en contra de la deontología de la empresa.

El clima favorable que crea la deontología en una empresa facilita que aflore lo mejor de sus trabajadores. El problema que a veces se presenta es la *moral de grupo* que se desarrolla entre algunos trabajadores y que termina por ser inmoral a fuerza de unirse y cerrar los codos lado a lado para no perjudicarse entre ellos divulgando cosas o asuntos que no debieron suceder. Es el caso de grupos de periodistas que se ponen de acuerdo para no divulgar una noticia porque los podría perjudicar o que no se atreven a denunciar el mal comportamiento de alguno de ellos porque sería ir en contra del principio del compañerismo. Ibsen, en su obra *El enemigo del pueblo*, nos cuenta la historia de un médico muy responsable que descubre que el agua del balneario del pueblo está supremamente contaminada, que por lo tanto es un veneno para el ser humano y que no se puede permitir que las personas la continúen utilizando. El problema es que toda la economía del pueblo gira en torno al balneario y a las personas que van a visitarlo permanentemente en busca de mejoría —inclusive el protagonista central trabaja como médico en él—. El alcalde, que para mayor desgracia es hermano del médico, le dice que cambiar de ubicación el balneario le costaría miles de libras y que la obra tardaría no menos de dos años en realizarse. «Además», le dice el alcalde al médico, «¿quién volvería a nuestro balneario a mejorarse sabiendo que el agua está contaminada? Lo mejor es no hacer público el estado del agua.» Entonces el personaje central se opone rotundamente y dice: «¡No! ¡No es posible seguir exponiendo a los visitantes a beber y bañarse en el balneario! Esto hay que denunciarlo y hacerlo público». El alcalde se opone, le dice que el estudio que el médico contrató sobre el agua no es preciso y que a menos que se retracte tendrá que despedirlo de su empleo como médico del balneario. El médico convoca a una asamblea pública; en ella el alcalde insiste en sus argumentos sobre el costo excesivo para recuperar el balneario, que además tendría que ser pagado por todos los contribuyentes, y el médico insiste en el perjuicio que se les causaría a los visitantes. Finalmente, la población entera conviene en señalar al médico como el enemigo del pueblo y en que no se hará pública la contaminación del agua del balneario.

Ibsen nos muestra entonces cómo aun en casos de solidaridad gremial es la ética o la responsabilidad personal la que se levanta y dice que no se puede seguir por ese camino, que no se puede ocultar determinado tipo de cosas a pesar de que sea necesario enfrentarse con las personas con las cuales se ha sido vecino toda la vida o con las cuales se ha trabajado durante mucho tiempo. Sencillamente, la ética personal señala que existen situaciones en las cuales es necesario enfrentarse al grupo o a la comunidad a los cuales se pertenece y actuar de determinada manera sin importar los intereses que se afecten.

En la visión que usted presenta sobre la ética empresarial y la libertad, ¿juega algún papel la lucha de clases?

La lucha de clases existió hasta que existieron las clases definidas por Marx. En un momento determinado hubo entre el asalariado y el patrón una fisura muy clara, especialmente en algunos países más que en otros, que llevó a que se plantearan unas luchas para legitimar unas reivindicaciones y crear un marco ético común. La mayoría de las reivindicaciones que se lograron en el Estado de bienestar —la seguridad social, la limitación de horas de trabajo, etc.— fueron gracias a que en esa lucha las partes poco a poco fueron dándose cuenta de la importancia de que no hubiera un simple antagonismo, de que no existieran intereses divergentes, de que el empresario no tuviera solamente el interés de manejar al trabajador como un engranaje más de las máquinas sino que le reconociera, por razones políticas y naturalmente humanas, sus derechos.

El siglo XX ha borrado no tanto la lucha en sí sino las clases. Hoy existen muchas luchas, muchas tensiones sociales —en algunos países más que en otros—, y resulta casi imposible identificar en ellas clases definidas. En la mayoría de los países avanzados ya no se pueden marcar las clases de forma limpia y con tiralíneas, no se puede decir aquí está una clase y allí la otra. En este momento, muchos de los trabajadores que en otras épocas pertenecían a una clase puramente desposeída, que no tenían más que su propia prole —por ello se llamaban proletarios—, que no tenían más que su fuerza de trabajo y sus hijos para ganarse la vida, hoy disfrutan de una serie de reivindicaciones alcanzadas y un estatus que ellos defienden con ahínco. Por ejemplo, paralelos a los trabajadores desempleados, existen trabajadores que tienen su trabajo y su estatus y que los defienden o reivindican frente a otros trabajadores que están desempleados o frente a otros grupos sociales conformados por inmigrantes.

Al menos en los países industrializados las sociedades se caracterizan más por el interclasismo, por las mezclas y por lo tanto ya no se prestan a las interpretaciones del decimonónico.

Esa última precisión es oportuna, porque en el contexto latinoamericano las clases están bien determinadas y bien podría seguir hablándose de lucha de clases en cuanto que las características que usted señala para su terminación (reivindicación de derechos y aspiraciones salariales, interclasismo, etc.) no existen aún en nuestras sociedades.

No, bueno, eso es claro, hay que crear una sociedad civil que es lo que va curando las fracturas entre la oposición irreductible de los grupos. Es decir, mientras haya oligarquía frente al proletariado no existe sociedad civil. La sociedad civil es la creación de algo que subsume o que va más allá de la pura oposición entre oligarquía y proletariado. Por supuesto, pueden seguir presentándose tensiones en la sociedad civil, como las que generan los inmigrantes llegados a los países industrializados, los enfrentamientos raciales que se crean, en fin, pero lo importante es que la creación o la invención de la sociedad civil ha relegado el esquema de la lucha de clases.

Frente a dos polos antagónicos, el oligarca que no siente ningún tipo de compromiso con el pueblo, de las familias que piensan que el país es parte de su hacienda, por una parte, y los desposeídos que no tienen ninguna noción de sociedad civil porque solo les interesa arrebatar cualquier cosa para sobrevivir durante el mes, por otra parte, la creación de la sociedad civil facilita el cese del antagonismo, el fin de los polos disgregadores que impiden alcanzar intereses compartidos. Al menos, el desarrollo histórico europeo en el siglo XX así nos lo demuestra. A veces se olvida que la invención del Estado de Bienestar —que ha funcionado bastante bien y ha alcanzado logros importantes— no fue fruto de la tensión revolucionaria de la lucha de clases sino del pensamiento político de Bismarck, quien para acallar el exceso revolucionario que acontecía en Prusia vio en el fortalecimiento del tejido social la oportunidad de evitar la polarización social. Creo que incluso en las sociedades latinoamericanas son el Estado de Bienestar y la sociedad civil los caminos más viables para mejorar la situación social; no alcanzo a ver otras vías.

Me hace usted pensar en una orquesta, en la cual a pesar de la diferencia o variedad de instrumentos, o mejor, precisamente gracias a ellas, puede interpretar con armonía. Por el contrario, parecería que su concepción de sociedad civil necesitara homogeneizar las diferencias para poder lograr la armonía, que un requisito para la convivencia pacífica fuera la eliminación del conflicto. Creo que la sociedad civil se asemeja más a la orquesta en la cual reina la diferencia, que la sociedad civil es el espacio en el cual se viven intensos conflictos que si son resueltos de manera positiva contribuyen a su fortalecimiento. Esta concepción también puede ser la más adecuada para aproximarse a sociedades como la latinoamericana, la cual no se encuentra polarizada en dos bandos sino que presenta claramente una oligarquía y muchos otros sectores, uno de los cuales es el proletariado: resulta mucho más viable construir una sociedad latinoamericana armónica aceptando el conflicto y no señalándolo como la causa de la disociación y la inconvivencia.

Estoy totalmente de acuerdo con usted, inclusive creo que no he dicho otra cosa diferente a que es necesario armonizar las diferencias en la sociedad para que sean creativas y no destructivas. El otro día en mi conferencia en la Universidad Nacional de Colombia yo intentaba decir que efectivamente el conflicto es una señal positiva dentro de una democracia. Así lo señaló Montesquieu: «Acerquemos cl oído a una sociedad; si no se oye rumor alguno de discusión o de enfrentamiento significa que estamos ante una tiranía». El ruido de protesta o de descontento exteriorizados son propios de la democracia y son los primeros que acallan —y en cierto modo, alimentan— las tiranías.

Pero recordemos el caso de Antígona y Creonte. ¿Qué podemos esperar de una sociedad en la cual no se pueden resolver las diferencias y terminan polarizándose los actores hasta convertirse en dos locomotoras que van por la misma vía, una en contra de la otra, finalizando en choque lo que podría haber sido un acuerdo de convivencia? Este es el peligro inmanente, por llamarlo así, de los conflictos y que es necesario evitar a través de la búsqueda de una solución imaginativa y creativa. Soy partidario de la sociedad del conflicto mas no de la del choque.

Me gustaría cambiar a un tema mucho más mundano: la envidia.

Creo que la envidia es universal. En primer lugar tenemos que reconocer que la envidia es un sentimiento propio de las sociedades democráticas. En una sociedad de parias como la india, no existe el sentimiento de envidia entre las clases: un paria no envidia a un brahmán porque en la sociedad india la mentalidad de las clases es algo fijo, cerrado, acabado, y por lo tanto evita la sensación de envidia. La envidia solo se tiene cuando existe una sociedad con cierto principio de igualdad aunque la realidad no sea igualitaria. Esas son las sociedades en las cuales se produce la envidia.

La envidia acontece cuando corremos por la misma pista, cuando hemos creado una falsa sensación de igualdad: si yo fuera un tenor mediocre seguramente tendría envidia al escuchar a Pavarotti, pero como no soy ningún tenor, ni bueno ni malo, no tengo la obligación de cantar ópera y entonces cuando escucho a Pavarotti no siento envidia sino admiración por su talento y sus capacidades.

Por otra parte, la envidia también tiene sus virtudes. Al menos una de ellas es clara en lo referente a la fiscalización de la sociedad. Un enemigo de la democracia ateniense —que probablemente era un oligarca— hizo circular un panfleto en el cual la acusaba de ser la causa de la corrupción en la *polis*. Fue así como lo que empezó como un panfleto motivado por la envidia se fue convirtiendo en una instancia de supervisión para la gestión de los gobiernos democráticos atenienses. El reproche de la envidia sirvió para vigilar a los gobernantes, y esta función, hoy lo sabemos muy claro, es parte de los controles democráticos. El hecho de que alguien esté vigilando a los otros impide que se produzcan hechos indebidos. Si todos fuéramos absolutamente desprendidos, no nos importaría que algunos se lo llevaran todo, mas como no lo somos empleamos la envidia como un instrumento para vigilar a los demás y decimos: «Cuidado: aquí hemos visto que había cinco y usted ya se ha llevado catorce». Entonces, a pesar de que parezca vil, a veces la vigilancia se produce desde la envidia.

La envidia también tiene su fuente en el deseo de exclusividad, y esto se manifiesta especialmente en la envidia de las élites que se alarman porque los bienes de la cultura se están extendiendo a toda la población. El pensamiento elitista de nuestra época siente envidia de que el turismo esté al alcance de un sector cada vez mayor de la población y de que por lo tanto los viajeros que traen noticias de otras partes no sean exclusivamente de su grupo social. O de que el mercado editorial siga creciendo y que cada vez más personas tengan acceso a los libros que antes eran un lujo de su biblioteca personal.

O de que los servicios públicos cubran a sectores más vastos de la sociedad y deje de ser exclusivo tener un baño en casa. Este sentimiento de envidia también es aprovechado por la publicidad: en el momento en que se anuncia un nuevo producto en el mercado —ordenadores más pequeños, más poderosos, con mayor resolución y memoria expandida, etc.— se trata de explotar su carácter exclusivo. Cuando el comprador llega a su casa se siente importantísimo porque tiene en sus manos algo que pocos pueden tener, pero, en el momento en que el aparato empieza a popularizarse pierde su encanto hasta para el entonces *feliz* comprador. Basta con escuchar las quejas sobre la venta de libros en los supermercados: «Se están vulgarizando», «se están popularizando»», expresiones que sencillamente no quieren decir otra cosa que el aura de elitismo que cubría a los libros se está desvaneciendo.

Recuerdo una anécdota famosa de Ava Gardner contada en sus memorias. En una ocasión en Madrid pasó una noche con el torero Luis Miguel Dominguín. A las cuatro horas él se levantó rápidamente del lecho y empezó a vestirse. Lánguidamente ella le preguntó: «¿A dónde vas?», y él le respondió: «¡Pues a contarlo!». Parecería que incluso las cosas más íntimas se prestan para que la cnvidia se las apropie y quiera provocar a los demás. Creo que es vital diferenciar cuántas cosas apreciamos solo porque las podemos contar, porque las envidian los demás, y cuántas apreciamos en sí mismas porque son buenas y las disfrutamos por lo que son.

En la deontología empresarial aparece clara la autoridad. Mas, ¿qué nos podría decir usted sobre el poder?

Bueno, yo he intentado antes decir que la autoridad tiene que no ser, de alguna forma, simplemente el mantenimiento de la disciplina del cómitre que hace sonar el látigo para que rime la galera, sino que es una persona que en cierta forma debe hacer crecer la posibilidad de la empresa y las posibilidades humanas de las personas en su entorno, de aquí que hoy se entienda que una autoridad no debe ser algo exclusivamente personalizado a pesar de que todavía ese modelo paternalista funciona en bastantes latitudes, sino que debe tender también a colectivizarse, a formar grupo y sobre todo a abrirse a la escucha del otro, es decir, no solamente escuchar al otro por puro trámite sino de alguna forma suscitar el diálogo, suscitar sus ideas, que no haya un buzón de ideas que simplemente allí se lanzan las cosas sin más, sino que se está abierto a que verdaderamente la autoridad sea racional, es decir, una autoridad que modifica sus criterios si alguien le da una razón para modificarlos, que no busca afirmarse como autoridad sino operar de la mejor manera.

La opinión pública puede contribuir en gran medida para que la autoridad cumpla con este cometido. En los países en los que hay una opinión pública desarrollada, esta contribuye a orientar o guiar a una empresa. En efecto, la opinión pública madura, crítica de la empresa, puede contribuir a la orientación de los fines posibles de la empresa, a la creación de demandas. Así la autoridad se fortalece porque asume la idea de que no solamente debe oír a sus trabajadores sino también a la sociedad, a esa opinión crítica que puede tenerse sobre determinados aspectos como las formas de producción, etc.

Con esto no estoy diciendo que la opinión pública siempre tenga la razón. Sabemos que muchas veces se encuentra desorientada, influenciada por determinados medios, etc. Me refiero a la opinión pública que ha sido educada, con la cual se puede polemizar, argumentar y aprender. Este es uno de los puntos en los cuales radica la importancia de educar a la opinión pública.

Cambiando de tema, ¿podría por favor reflexionar de nuevo sobre el mito de la eterna juventud especialmente después de que hemos mencionado la vida difícil que llevan algunos jóvenes, sobre todo los que se encuentran desempleados, luchando en el conflicto armado o exponiendo sus vidas en enfrentamientos callejeros?

El mito de lo juvenil se refiere más hacia las características esplendorosas de la juventud que a las condiciones desafortunadas que viven muchos de ellos. No faltan los testimonios de personas que no admiten referencia alguna a la juventud como la etapa más feliz de la vida. El mito alude a la tendencia de no querer ser nunca un adulto o una persona mayor, de vivir en una especie de Disneylandia espiritual, de no querer beber la amargura que no pocas veces trae el pozo de la experiencia, de permanecer espontáneo y bondadoso, etc. Es seguir permaneciendo ligado a la generación del yogur, a ese mundo hecho de yogures descremados que no tiene un espacio positivo posible para todo aquello que no sea juvenil. De hecho, no tiene espacio para los jóvenes reales que usted mencionaba, y ese es el problema.

Ética para la empresa, de Fernando Savater
se terminó de imprimir en marzo de 2015
en los talleres de Litográfica Ingramex, S.A. de C.V.
Centeno 162-1, Col. Granjas Esmeralda,
C.P. 09810 México, D.F.